AF466079

ÉCOLE NORMALE SUPÉRIEURE

PROMOTION DE 1848

M. GUSTAVE MERLET

M DCCC XCII

M. GUSTAVE MERLET

ÉCOLE NORMALE SUPÉRIEURE

PROMOTION DE 1848

M. GUSTAVE MERLET

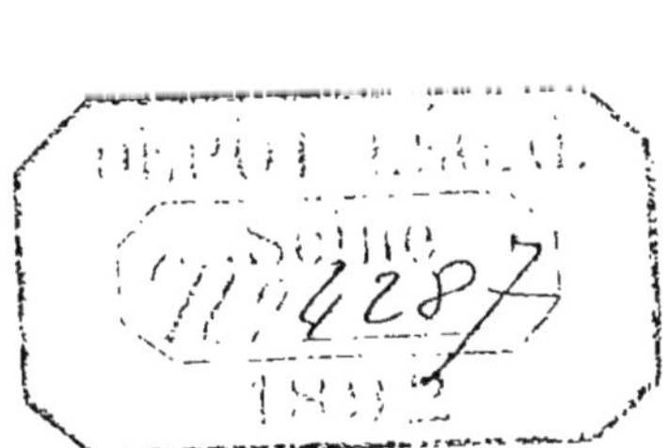

M DCCC XCII

CURRICULUM VITÆ

Élève du Collège Royal de Charlemagne et du Collège Stanislas. .	1839-1848
Élève de l'École normale.	1848-1851
Agrégé des classes supérieures des Lettres.	1851
Professeur de 3me au Lycée de Douai. 4 octobre.	1851-1856
Professeur de 3me au Lycée Charlemagne. 11 octobre.	1856-1857
Professeur de 2me au Lycée Charlemagne. 5 octobre	1857-1859
Professeur de rhétorique au Lycée Louis-le-Grand. 7 décembre. . . .	1859-1891
Membre du Jury d'agrégation des Lettres (12 ans)	1877-1889

Membre du Conseil supérieur de l'Instruction publique (2 fois élu).	1887-1891
Inspecteur général honoraire de l'Instruction publique.	17 février 1891
Officier d'Académie	12 janvier 1865
Officier de l'Instruction publique . .	25 août 1875
Chevalier de la Légion d'honneur .	14 août 1862
Officier de la Légion d'honneur. . .	15 janvier 1879

M. Gustave Merlet comptait au jour de sa mort quarante-deux ans de services dont trente-deux dans la chaire de rhétorique du Lycée Louis-le-Grand.

PROMOTION DE 1848

GUSTAVE MERLET

NÉ A PARIS, LE 6 OCTOBRE 1828;
DÉCÉDÉ A PARIS, LE 17 FÉVRIER 1891

APRÈS avoir fait de brillantes études au Collège Stanislas et au Lycée Charlemagne, où il remporta, au concours général, le premier prix de discours français et de vers latins, en rhétorique, le premier prix de dissertation latine, en philosophie, M. Gustave Merlet entra à l'École normale au mois d'août 1848, dans la promotion de MM. About, Taine et Sarcey. Reçu troisième agrégé des classes supérieures des Lettres en 1851, il alla professer la troisième au Lycée de Douai; rappelé à Paris le 11 octobre 1856, il fut successivement nommé professeur de troisième et de seconde au Lycée Charlemagne. Le 7 décembre 1859, M. Rouland, ministre de l'Instruction publique, lui confia la chaire de rhétorique au Lycée Louis-le-Grand, chaire qu'il a occupée jusqu'au jour de sa mort.

M. Gustave Merlet fut sans contredit une des gloires de l'Université. Nul n'a contribué comme lui à placer au premier rang le Lycée Louis-le-Grand par ses nombreux succès au concours général. Sa classe a remporté dix fois le prix d'honneur, dont cinq fois consécutivement. La vie de ce professeur éminent a été consacrée tout entière au devoir, au dévouement et au culte des lettres. Il s'était mis hors de pair par le soin et la conscience qu'il apportait à la préparation de ses classes. Jamais son zèle ne s'est ralenti un instant. Pendant trente-deux ans, il a soutenu avec talent et autorité le poids de cette formidable rhétorique qui comptait encore dans ces dernières années jusqu'à quatre-vingt-dix élèves, dont soixante-dix candidats à l'École normale. Il a fourni sa large part d'hommes de valeur aux lettres et à l'Université.

Il jouissait auprès de tous ceux qui l'entouraient d'une grande et juste notoriété ; ses défauts mêmes, comme le disait un jour un de ses inspecteurs généraux, n'ont pas été étrangers à son succès ; il avait la passion de son métier, il savait animer son enseignement ; ses convictions littéraires, servies par un organe vigoureux et mordant et par une langue imagée, se communiquaient à son auditoire qu'il tenait toujours attentif et charmé. Pendant trente-deux ans, il n'ennuya personne et ne s'ennuya jamais.

M. Gustave Merlet a fait partie du jury d'agrégation des Lettres, de 1877 à 1889, et deux fois il a été élu à une forte majorité membre du conseil supérieur de l'Instruction publique. L'Académie française l'avait présenté pour occuper la chaire de littérature au Collège de France, et à diverses reprises elle lui a décerné ses plus belles récompenses. Il était officier de la Légion d'honneur depuis le 15 janvier 1879.

Écrivain spirituel, critique judicieux, joignant à un goût délicat une véritable largeur de vues, M. Merlet, outre un grand nombre d'articles et d'études critiques et littéraires publiées dans différentes revues, a fait paraître en volumes :

Réalistes et Fantaisistes, 1861.

Attiques et Humoristes, 1862.
Portraits d'hier et d'aujourd'hui, 1863.
Causeries sur les femmes et les livres, 1865.
Hommes et livres, 1869.
Saint-Évremond, étude historique, morale et littéraire, 1870.

Avant toute initiative officielle, il a, le premier, vulgarisé dans les écoles l'étude classique des origines de la Littérature Française du IXe au XVIe siècle. Dans un rapport à l'Académie, M. Patin, secrétaire perpétuel, jugeait ainsi ce tableau d'histoire : « Ce livre est une œuvre personnelle qui justifie pleinement son titre. « C'est de la morale comme du goût que « relèvent ces appréciations délicates et « ce patriotisme littéraire qui recherche « avec une curiosité savante les titres de « l'ancien génie Français. »

M. Gustave Merlet a le premier introduit les contemporains du XIXe siècle dans le domaine classique. Il a le premier donné au grand public l'histoire littéraire d'une époque délaissée par la critique en publiant son tableau de la Littérature Française de 1800 à 1815, qui obtint les prix Bordin et Marcelin-Guérin et au sujet duquel M. Camille Doucet a émis cette appréciation : « Si jamais l'histoire d'une « littérature avait dit son dernier mot, « celle-ci pourrait être considérée comme « définitive. »

Telle a été l'œuvre de M. Gustave Merlet. Aucun professeur de l'Enseignement secondaire n'a fait plus que lui pour le progrès des études qui intéressent la Littérature Française dans le cercle universitaire et le monde lettré. Le regretté maître publiait encore une Anthologie des poètes contemporains lorsque la mort est venue le surprendre en pleine possession de son talent et à l'apogée de ses succès.

Cœur droit, caractère bienveillant et doux, il était un de ces hommes auxquels l'on s'attache fortement lorsqu'on a le bonheur de les connaître et que l'on pleure quand ils s'en vont.

Imprimé

le dix-sept mai mil huit cent quatre-vingt-douze

PAR

ALPHONSE LEMERRE

25, RUE DES GRANDS-AUGUSTINS, 25

A PARIS

3. — 1555.

www.ingramcontent.com/pod-product-compliance
Ingram Content Group UK Ltd.
Pitfield, Milton Keynes, MK11 3LW, UK
UKHW020223200726
13856UKWH00004B/1584